JavaScript

Premessa

A causa della sua prevalenza sul Web e a causa della proliferazione di framework basati su di esso, JavaScript ormai è diventato difficile da evitare. Ogni programmatore Web ha letto almeno una volta nella sua vita del codice scritto in JavaScript dato che si tratta di un linguaggio abbastanza maturo e molto usato.

A partire dal 1995 JavaScript si è rivelato sempre più necessario per la programmazione Web, soprattutto per la creazione e per modificare siti Web, motivo per cui è stato inventato. Il creatore di JavaScript, Brendan Eich, non ha avuto altra scelta che creare il linguaggio molto rapidamente dato che Netscape avrebbe potuto adottare altre tecnologie. A tal proposito ha dovuto prendere in prestito delle parti da diversi linguaggi di programmazione: da Java ha preso la sintassi ed i valori primitivi, da Perl e Python ha preso in prestito le stringhe, gli array e le espressioni regolari, il resto, probabilmente, è simile in qualche altro linguaggio.

Da un lato, JavaScript contiene delle stranezze ed è carente o quantomeno confusionario su alcune funzionalità. Basti dire che in JavaScript:

```
"11" - 1 = 10;
"11" + 1 = "111";
```

D'altra parte, stiamo parlando di un linguaggio potente e flessibile, con funzionalità che consentono di aggirare facilmente questi problemi. Si tratta di problemi noti e che ECMA International cerca di arginare con i suoi standard. Date le sue influenze, non sorprende che JavaScript abbia uno stile di programmazione che è un mix tra programmazione funzionale (funzioni di ordine superiore; funzioni di map e reduce ecc.) e programmazione orientata agli oggetti.

ECMAScript è il nome ufficiale per JavaScript. Per l'uso comune, si applicano le seguenti regole:

- JavaScript indica il linguaggio di programmazione;
- ECMAScript è il nome utilizzato dalla specifica del linguaggio, pertanto, ogni volta che si fa riferimento alle versioni del linguaggio, ci si riferisce a ECMAScript. Le versioni di ECMAScript sono in continuo sviluppo pertanto in ogni versione potrai trovare qualche novità.

Probabilmente ti starai chiedendo dove scrivere il tuo codice JavaScript, puoi aprire la console dedicata agli sviluppatori in qualsiasi browser recente premendo il tasto F12 o, in alternativa, puoi creare una pagina Web con un file HTML che include un file con estensione *.js* dove potrai scrivere il tuo codice JavaScript.

Capitolo 1
Sintassi

Per capire la sintassi di JavaScript, dovresti sapere che ha due principali categorie sintattiche: le **dichiarazioni** e le **espressioni**. Le dichiarazioni sono delle istruzioni quindi un programma è una sequenza di istruzioni. Le espressioni, invece, producono dei valori e sono gli argomenti delle funzioni, ad esempio, una condizione da valutare ecc. Un esempio di dichiarazione è la creazione di una variabile:

```
var test;
```

Un'espressione, invece, è qualcosa di simile:

```
1,74 * 23
```

La differenza tra dichiarazioni ed espressioni è molto più comprensibile dal fatto che JavaScript ha due modi diversi per il costrutto *if-then-else* infatti puoi usare un'espressione in questo modo:

```javascript
var confronto = test >= 0 ? test : 'Valore negativo';
```

In alternativa puoi usare una dichiarazione:

```javascript
var confronto;
if (test >= 0) {
    confronto = test;
} else {
    confronto = 'Valore negativo';
}
```

Avrai notato che ogni riga termina con un punto e virgola, tuttavia, i punti e virgola sono facoltativi in JavaScript per indicare la fine di una dichiarazione. Tuttavia, ti consiglio di includerli sempre nel tuo codice, perché altrimenti l'interprete JavaScript potrebbe valutare in modo errato la fine di un'istruzione, dando vita ad errori. Il punto e virgola termina le istruzioni, ma non i blocchi. Esiste un solo caso in cui vedrai un punto e virgola dopo un blocco: la dichiarazione di una funzione è un'espressione che termina con un blocco. Se tale espressione si trova per ultima in un programma, allora è seguita da un punto e virgola:

```javascript
var laMiaFunzione = function () {...};
```

JavaScript mette a disposizione due tipi di commenti: a riga singola e multi-riga. I commenti a riga singola iniziano con // e terminano alla fine della riga mentre i commenti multi-riga iniziano con /* e terminano con */:

Le variabili

Solitamente le variabili vengono dichiarate prima di essere usate e, se necessario, possono essere inizializzate al momento della dichiarazione:

var confronto = **21**;

Se hai già dichiarato una variabile puoi cambiarne il valore assegnato o il tipo, ad esempio, la variabile appena dichiarata potrebbe assumere come valore un numero diverso o addirittura una stringa senza alcun problema.


```
// Tutte assegnazioni valide
confronto = true;
confronto = 50;
confronto = 'OK';
```

Esistono diversi operatori composti che operano sulle variabili dichiarate nel tuo programma, ad esempio, += ti consente di aggiungere un valore alla tua variabile. Allo stesso modo -=, *=, /= ti consentono rispettivamente di sottrarre, moltiplicare o dividere il valore della tua variabile.

```
var variabile = 10;
variabile += 10;
// -> 20


variabile -= 5;
```

// -> 15

variabile *= 2;
// -> 30

variabile /= 3;
// -> 10

variabile++;
// -> 11

variabile--;
// -> 10

Oltre agli operatori già descritti abbiamo aggiunto l'operatore ++ e — che consentono rispettivamente di incrementare e decrementare il valore della variabile di una unità.

Ma è possibile denominare una variabile a proprio piacere? Ni. Gli identificatori sono dei nomi che svolgono vari ruoli sintattici in JavaScript. Ad esempio, il nome di una variabile è un identificatore e vi è una distinzione tra maiuscole e minuscole. Il primo carattere di un identificatore può essere qualsiasi lettera Unicode, il simbolo del dollaro ($) o un trattino basso (_). I caratteri successivi, inoltre, possono includere qualsiasi cifra Unicode. Alla luce di ciò, i seguenti sono tutti identificatori validi:

temp0
_test
$variabile

Tuttavia, come in ogni linguaggio di programmazione, esistono delle parole chiave che non possono essere usate come nomi di variabili:

arguments	break	case	catch	class
const	continue	debugger	default	delete
do	else	enum	export	extends
false	finally	for	function	if
implements	import	in	instanceof	interface
let	new	null	package	private
protected	public	return	static	super
switch	this	throw	true	try
typeof	var	void	while	

Capitolo 2
Valori

JavaScript dispone dei classici valori che ci aspettiamo dai linguaggi di programmazione: valori booleani (vero o falso), numeri, stringhe, array e così via. Tutti i valori in JavaScript hanno delle proprietà e ogni proprietà ha una chiave (un nome) e un valore. Puoi pensare alle proprietà come ai campi di un record e per accedervi si utilizza l'operatore punto (.). Le stringhe, ad esempio, dispongono della proprietà length pertanto potremo accedere a tale proprietà della stringa OK come segue:

```
var stringa = 'OK';
stringa.length;
// -> 2
```

JavaScript esegue una distinzione in qualche modo arbitraria tra i valori infatti i valori primitivi sono i booleani, i numeri, le stringhe e i valori null e undefined mentre tutti gli altri valori sono oggetti.

Una grande differenza tra valori primitivi ed oggetti consiste nel modo in cui vengono confrontati; ogni oggetto ha un'identità unica ed è rigorosamente uguale a sé stesso:

```javascript
var oggetto1 = {}; // oggetto vuoto
var oggetto2 = {}; // un altro oggetto vuoto
oggetto1 === oggetto2;
// -> false
oggetto1 === oggetto1;
// -> true
```

Al contrario, tutti i valori primitivi che racchiudono lo stesso valore sono considerati uguali:

```
var variabile1 = 110;
var variabile2 = 110;
variabile1 === variabile2
// -> true
```

I valori primitivi sono detti **immutabili** poiché le proprietà non possono essere aggiunte, modificate o rimosse. Possiamo provare, infatti, a modificare la lunghezza della proprietà length senza modificare la stringa e vedremo che non ci sarà alcun effetto:

```
var stringa = 'OK';
stringa.length;
// -> 2
stringa.length = 5;
stringa.length;
// -> 2
```

Gli oggetti, cioè tutti i valori non primitivi, sono **mutabili** e si dividono in oggetti semplici, array ed espressioni regolari.

Gli oggetti semplici sono composti da proprietà a cui è associato un valore, gli array sono sequenze di valori primitivi o di altri oggetti mentre le espressioni regolari servono per identificare un pattern all'interno di una stringa.

```
// Oggetto semplice
var oggetto = {
    prop1: valore1,
    prop2: valore2
};


// Array
var arr = [1, 5, 10, 15];


// Espressione regolare che cerca dei numeri
var reg = /[0-9]+/;
```

La maggior parte dei linguaggi di programmazione ha dei valori che indicano la mancanza di informazioni. JavaScript dispone di undefined e null: undefined significa "nessun valore" mentre null indica "nessun oggetto". Le variabili che vengono definite ma non inizializzate, ad esempio, sono undefined:

```javascript
var test;
test;
// -> undefined
```

Allo stesso modo sono undefined le funzioni o proprietà di un oggetto che non sono mai state dichiarate:

```javascript
var persona = {};
persona.cammina();
// -> undefined
```

Il valore null, invece, può essere inteso come sinonimo di undefined ma è usato principalmente quando ci si aspetta un oggetto, ad esempio, un parametro di una funzione.

Entrambi i valori, tuttavia, sono considerati come il booleano false perché effettivamente non hanno un valore significativo quindi nelle tue funzioni puoi controllare che un parametro sia diverso da undefined e da null usando l'operatore not (!):

```
if (!variabile) {
    // comandi da eseguire
}
```

Esistono due operatori per classificare i valori: typeof viene utilizzato principalmente per i valori primitivi, instanceof viene utilizzato per gli oggetti. typeof precede la variabile da interrogare mentre instanceof si pone tra la variabile da interrogare e il tipo di oggetto con cui effettuare il confronto:

typeof variabile;
variabile **instanceof** TipoOggetto;

Di seguito vediamo quali sono i valori restituiti da typeof:

Operando	Risultato
undefined	'undefined'
null	'object'
Valore booleano	'boolean'
Valore numerico	'number'
Stringa	'string'
Funzione	'function'

Operando	Risultato
Tutti gli altri	'object'

instanceof, invece, restituisce soltanto true o false in base al confronto:

[] instanceof Array

// -> true

{} instanceof Object

// -> true

[] instanceof Object // Array deriva da Object

// -> true

null **instanceof** Object

// -> false

undefined **instanceof** Object

// -> false

Booleani

Il tipo primitivo boolean comprende i valori true e false. I seguenti operatori producono valori booleani:

- Operatori logici binari: && (and), || (or)
- Prefisso operatore logico: ! (not)
- Operatori di uguaglianza: ===, ! ==, ==, !=
- Operatori di confronto (per stringhe e numeri): >, >=, <, <=

Ogni volta che JavaScript prevede un valore booleano (ad es. per valutare la condizione di un'istruzione if), è possibile utilizzare qualsiasi operatore tra quelli elencati. L'interprete JavaScript si occuperà di valutare l'espressione come vera o falsa.

Esistono, tuttavia, dei valori che sono interpretati come falsi: undefined, null, il numero 0, il valore NaN e la stringa vuota ".

Tutti gli altri valori (compresi tutti gli oggetti) sono considerati veri. La funzione Boolean(parametro) converte il suo parametro in input in un booleano. Puoi usarlo per testare come viene interpretato un valore dall'interprete JavaScript:

```javascript
Boolean(0);
// -> false
```

```javascript
Boolean(5);
// -> true
```

```javascript
Boolean(undefined);
// -> false
```

Durante la creazione del tuo codice spesso dovrai usare gli operatori logici and, or o not per aggiungere delle condizioni al tuo codice. L'operatore and restituisce vero se entrambe le espressioni, alla sua sinistra e alla sua destra, sono vere, restituisce falso altrimenti. L'operatore or restituisce vero se almeno una delle due condizioni è vera, falso altrimenti mentre not si limita ad invertire il valore da vero a falso e viceversa.

Gli operatori logici binari in JavaScript valutano inizialmente la prima espressione e, se è sufficiente per determinare il risultato, la seconda non viene valutata. Ad esempio, nelle seguenti espressioni, la funzione verificaForm() non viene mai invocata:

```
false && verificaForm()
true || verificaForm()
```

JavaScript dispone di due modi per verificare l'uguaglianza, avrai notato che è possibile usare == o ===. L'operatore di uguaglianza in senso stretto (===) si comporta in modo identico all'operatore di uguaglianza (==) tranne per il fatto che non viene effettuata alcuna conversione di tipo e i tipi devono essere gli stessi per essere considerati uguali. L'operatore == confronterà l'uguaglianza dopo aver effettuato le opportune conversioni di tipo. L'operatore === non eseguirà la conversione, quindi se due valori non sono dello stesso tipo, restituirà false.

Numeri

In JavaScript, tutti i numeri sono in virgola mobile quindi è verificata la seguente uguaglianza:

5 === 5.0
// -> true

Esistono anche valori speciali come NaN e Infinity, il primo si ottiene, ad esempio, quando si tenta di convertire in numero una stringa mentre il secondo è più grande di qualsiasi altro numero (tranne NaN). Allo stesso modo, -Infinity è più piccolo di qualsiasi altro numero (tranne NaN).

Stringhe

Le stringhe possono essere create direttamente con virgolette singole (') o doppie (") ed includendo il testo della stringa. La barra rovesciata (\) indica dei caratteri speciali ed è utile per i caratteri di controllo. Ecco alcuni esempi:

'pippo'
"test"

'Mi piace JS'
'anche se non l\'ho mai usato prima'

'Riga 1\nRiga 2' // \n indica una nuova riga
'Backslash: \\'

È possibile accedere ai singoli caratteri delle stringhe tramite le parentesi quadrate, ad esempio, per accedere al terzo carattere della stringa pippo useremo:

```javascript
var stringa = 'pippo';
str[2];
// -> p
```

Come tutti tipi i primitivi anche le stringhe sono immutabili; è necessario creare una nuova stringa per cambiarne una esistente.

Le stringhe possiedono il metodo length per accedere alla lunghezza della stringa stessa mentre per concatenare due stringhe è possibile usare il segno +.

```
var str = '';
str += 'Questa ';
str += 'è ';
str += 'una stringa ';
str += 'concatenata.';
str;
// -> 'Questa è una stringa concatenata.'
```

Vediamo qualche metodo delle stringhe che può tornarci utile in seguito. Quando è necessario estrarre una parte di una stringa, il metodo slice(inizio, fine) può rivelarsi molto utile:

```
'pippo'.slice(2);
// -> 'ppo'
```

```
'pippo'.slice(1, 2);
// -> 'i'
```

```
'pippo'.slice(-3);
// -> 'ppo'
```

Il metodo split(separatore, limite), invece, estrae le sottostringhe che sono delimitate da un separatore e le restituisce sottoforma di array. Il metodo ha due parametri:

- separatore: una stringa o un'espressione regolare. Se manca, viene restituita la stringa completa, racchiusa in un array.

- limite: se indicato, l'array restituito contiene al massimo limite numero di elementi.

```
'a,  b,c, d'.split(','); // divido usando la virgola
// -> [ 'a', ' b', 'c', ' d' ]


'a,  b,c, d'.split(/,/) // espressione regolare
// -> [ 'a', ' b', 'c', ' d' ]


'a,  b,c, d'.split(/, */, 2) // imposto un limite
// -> [ 'a', 'b' ]


'test'.split() // non fornisco parametri
// -> [ 'test' ]
```

Esiste un metodo nativo per eliminare tutti gli spazi bianchi ad inizio e fine stringa ed è denominato trim() così come puoi rendere i caratteri di una stringa tutti maiuscoli o tutti

minuscoli rispettivamente con toLowerCase()
e toUpperCase():

```js
'   ci sono spazi bianchi  '.trim();
// -> ci sono spazi bianchi


'Mi piace JavaScript'.toLowerCase();
// -> mi piace javascript


'Mi piace JavaScript'.toUpperCase();
// -> MI PIACE JAVASCRIPT
```

Infine, ma non meno importante, puoi usare
indexOf(stringaDaCercare, posizione) per
trovare una stringa all'interno di un'altra. Il
valore predefinito della posizione di partenza
è 0 e restituisce la prima posizione in cui è
stata trovata la stringaDaCercare o -1 se non
è stata trovata:

```js
'pippo'.indexOf('i');
```

```
// -> 1
```

```
'pippo'.indexOf('p');
// -> 0
```

In questo caso la lettera p appare più volte ma il metodo restituisce solo la prima occorrenza ovvero la posizione 0.

Capitolo 3
Condizioni e cicli

Condizione IF

Supponiamo di creare un'app per un quiz quindi vogliamo creare un messaggio che chieda all'utente: "Dove vive il Papa?". Se l'utente risponde correttamente, viene visualizzato un messaggio con le congratulazioni altrimenti viene mostrato un messaggio di errore. Questo è il codice:

```
var risposta = prompt("Dove vive il Papa?");
if (risposta === "Vaticano") {
 alert("Corretto, bravo!");
}
```

Se l'utente inserisce "Vaticano" nel campo dedicato all'input, viene visualizzato il messaggio di congratulazioni, se scrive qualcos'altro, non succede nulla. Analizziamo cosa succede. Un'istruzione if è un'istruzione decisionale e ti consente di eseguire azioni in base al valore delle variabili. In questo caso si testa la variabile a cui è stata assegnata la risposta dell'utente e se ha un valore pari alla stringa "Vaticano" la condizione è vera, quindi si esegue un'azione. Potrebbe essere eseguito un qualsiasi numero di istruzioni ma in questo caso, viene eseguita una sola istruzione: visualizzando un messaggio con le congratulazioni. La prima riga di un'istruzione if termina con una parentesi graffa aperta. Ogni istruzione in JavaScript deve terminare con un punto e virgola (;) ma questa è un'eccezione alla regola. È comune omettere il punto e virgola ma è consigliato perchè l'interprete JavaScript potrebbe valutare in modo errato una condizione a seguito della mancanza del punto e virgola, ciò creerebbe diversi problemi nell'esecuzione del programma.

Un altro aspetto importante da tenere a mente se stai confrontando una variabile è che non puoi utilizzare il segno uguale (=). Spesso si dimentica questa regola e si utilizza un segno uguale quando si dovrebbe usare il segno di uguaglianza in senso stretto (===) pertanto il codice non viene eseguito correttamente.

```
/* Errato, stiamo assegnando
 Vaticano a risposta
*/
if (risposta = 'Vaticano') {
 alert("Corretto, bravo!");
}


/* Corretto, stiamo valutando
```

```javascript
 la variabile
*/
if (risposta === 'Vaticano') {
 alert("Corretto, bravo!");
}
```

Alcuni programmatori scrivono istruzioni if senza parentesi graffe, sia chiaro che è consentito. Trovo più semplice non dover prendere decisioni caso per caso, quindi, una volta scelto il tuo stile di programmazione, formatta tutte le istruzioni if nello stesso modo. Puoi scegliere di scrivere tutto su una riga o su più righe così come sei libero di usare o non usare le parentesi.

Condizione IF...ELSE

Nel caso precedente se la condizione non è verificata non succede nulla. Sarebbe utile mostrare un messaggio di errore all'utente nel caso in cui la risposta fosse sbagliata. Potremmo usare un costrutto simile negando la condizione ma sarebbe poco elegante. È consigliato usare il costrutto if...else che copre tutti i casi senza che il programmatore abbia l'onere di negare le condizioni dell'if infatti tali condizioni potrebbero essere complesse. Questo ti potrebbe far inciampare in errori.

```javascript
if (risposta === 'Vaticano') {
 alert("Corretto, bravo!");
} else {
 alert("Risposta sbagliata!"); }
```

Con questo costrutto non ci facciamo carico di negare la condizione ma lo fa JavaScript per noi. Esiste, tuttavia, l'**operatore ternario** che esegue lo stesso tipo di valutazione:

```javascript
alert(risposta === 'Vaticano' ? "Corretto, bravo!" : "Risposta sbagliata!");
```

La parte prima del punto interrogativo è la condizione da valutare e, se vera, viene eseguita l'azione descritta tra il punto interrogativo e i due punti. In caso contrario verrà eseguita l'azione dopo i due punti e che corrisponde al blocco else.

È possibile testare ulteriori condizioni in questo modo con il costrutto else...if:

```javascript
if (risposta === 'Vaticano') {
 alert("Corretto, bravo!");
} else if (risposta === 'Roma') {
 alert("Sii più specifico!");
} else {
 alert("Risposta sbagliata!");
}
```

Ci sono così tanti modi per formattare questi costrutti dato che la gamma di possibilità è quasi infinita. L'essenziale è che lo stile di programmazione adottato sia facile da leggere, coerente ed induca all'errore il meno possibile.

Usando l'istruzione if, hai imparato a verificare una sola condizione ma supponiamo che si debbano soddisfare due condizioni affinché un test abbia successo. Ad esempio, se vogliamo che anche la risposta 'Il Vaticano' sia accettata possiamo testare una combinazione di condizioni in JavaScript usando gli operatori logici AND (&&) e OR (||).

```javascript
if (risposta === 'Vaticano' || risposta === 'Il Vaticano') {
  alert("Corretto, bravo!");
} else if (risposta === 'Roma') {
  alert("Sii più specifico!");
} else {
  alert("Risposta sbagliata!");
}
```

Puoi utilizzare gli operatori logici come preferisci per aggiungere altre condizioni o modificarle. Per migliorare la leggibilità del codice, tuttavia, consiglio di strutturare bene il codice e limitare l'uso di operatori logici, creando delle funzioni.

IF innestati

È possibile innestare più blocchi if, se necessario. In questo modo le clausole innestate saranno in AND con le clausole più esterne. Di seguito esiste solo un blocco innestato:

```javascript
if (risposta) {
 if (risposta === 'Vaticano') {
  alert("Corretto, bravo!");
 }
}
```

Se la condizione testata dal livello superiore if - ovvero risposta è valorizzata in qualche modo - è falsa, nessun blocco di codice all'interno della clausola verrà eseguito. La parentesi graffa aperta sulla linea 1 e la parentesi graffa chiusa sull'ultima linea racchiudono tutto il codice nidificato. Per leggibilità, un livello innestato può essere indentato di 2 spazi rispetto al livello precedente. Questo è un semplice esempio ma quando le cose si fanno davvero complicate, gli if annidati sono un ottimo modo per scrivere del codice più articolato.

Ciclo FOR

Il ciclo for offre un modo conciso, compatto e rapido per iterare su una collezione di elementi o su un array. Consideriamo questo ciclo:

```javascript
for (var i = 0; i <= 4; i++) {
 if (i === 4) {
  alert("Sto valutando l'ultimo elemento");
 }
}
```

Analizzando questo codice possiamo notare che la prima riga contiene la parola chiave for e poi sono definite tre espressioni.

Nella prima espressione viene dichiarata una variabile che conta le iterazioni e viene impostata su un valore iniziale, in questo caso 0. Nella seconda espressione viene definito il limite sul ciclo infatti deve continuare fino a quando il contatore non supera 4. Poiché il contatore, in questo caso, inizia da 0, il ciclo verrà eseguito 5 volte.

Cosa succede al contatore alla fine di ogni ciclo? In questo caso, il contatore viene incrementato ogni volta. Le tre specifiche tra parentesi sono sempre nello stesso ordine:

1. Dichiarazione ed inizializzazione del contatore (di solito chiamato i)
2. Quanti cicli eseguire
3. Come modificare il contatore dopo ogni iterazione (in genere viene incrementato di 1 unità ad ogni iterazione)

Puoi usare qualsiasi nome consentito in JavaScript per denominare il tuo contatore, per convenienza si usa i che è l'abbreviazione di indice. I programmatori, di solito, usano i anche perché mantiene compatta la prima riga del ciclo. Nell'esempio, il contatore è inizializzato a 0 ma potrebbe essere un qualsiasi numero, a seconda delle tue esigenze.

Nell'esempio, il contatore aumenta con ogni iterazione. Ma, a seconda delle tue esigenze, puoi ridurlo, aumentarlo di 2 unità o modificarlo in qualche altro modo ad ogni iterazione. Nell'esempio specifico, il ciclo deve essere eseguito fino a quando i è minore o uguale a 4. In alternativa, avrei potuto specificare i < 5 ma, ad ogni modo, poiché il contatore inizia da 0, il ciclo viene eseguito 5 volte.

Modifichiamo il ciclo in modo che inizi da 5 e termini quando i è minore o uguale a 10, lasciando il resto invariato:

```
for (var i = 5; i <= 10; i++) {
 if (i === 4) {
  alert("Sto valutando l'ultimo elemento");
 }
}
```

Talvolta può essere utile scoprire se una condizione all'interno di un ciclo è stata eseguita. In questo caso la condizione if non sarà mai vera però possiamo esserne certi impostando un flag. Il flag sarà modificato solo se la condizione è verificata:

```javascript
var flag = 'non eseguito';

for (var i = 5; i <= 10; i++) {
 if (i === 4) {
  alert("Sto valutando il penultimo elemento");
  flag = 'eseguito';
 }
}


alert(flag);
// -> 'non eseguito'
```

Questo è un esempio banale ma, se applicato a contesti più complessi, è un ottimo stratagemma per verificare l'esecuzione di un blocco if.

Possiamo migliorare l'esempio se, al posto di una stringa, usassimo un valore booleano come true o false. L'esempio diventerebbe più chiaro:

```javascript
var eseguito = false;


for (var i = 5; i <= 10; i++) {
 if (i === 4) {
  alert("Sto valutando il penultimo elemento");
  eseguito = true;
 }
}


alert(flag);
// -> false
```

Modifichiamo un po' il nostro esempio per consentirci di affrontare un altro problema. Come sappiamo, le risorse sono preziose pertanto bisogna evitare lo spreco di cicli di calcolo. Supponiamo che il contatore venga inizializzato a 0 e il ciclo si interrompa quando il contatore è maggiore di 200.

```javascript
var eseguito = false;


for (var i = 0; i <= 200; i++) {
 if (i === 4) {
  alert("Sto valutando il quinto elemento");
  eseguito = true;
 }
}


alert(flag);
// -> true
```

Poco dopo l'avvio del programma viene trovata una corrispondenza e viene visualizzato l'avviso. Nel modo in cui è stato scritto il ciclo, esso continua a valutare tutti i casi fino alla fine ma noi siamo interessati solo al quinto elemento. Tutti i cicli dal sesto elemento in poi non sono necessari, poiché abbiamo già ottenuto la nostra risposta. Il problema viene risolto con la parola chiave break.

```javascript
var eseguito = false;

for (var i = 0; i <= 200; i++) {
 if (i === 4) {
  alert("Sto valutando il quinto elemento");
  eseguito = true;
  break;
 }
}
```

```javascript
alert(flag);
// -> true
```

In questo caso dopo aver valutato il quinto elemento si uscirà dal ciclo senza sprecare preziose risorse, che possono essere impiegate per altri task.

Puoi innestare due cicli for e questo meccanismo è utile, ad esempio, per popolare delle matrici:

```javascript
var matrice = [];

for (var i = 0; i < 5; i++) {
 matrice[i] = [];
 for (var j = 0; j < 5; j++) {
    matrice[i][j] = 0;
 }
}
```

```javascript
alert(JSON.stringify(matrice));
// ->
[[0,0,0,0,0],[0,0,0,0,0],[0,0,0,0,0],[0,0,0,0,0],[0
,0,0,0,0]]
```

Come vedi abbiamo dichiarato e valorizzato una matrice quadrata di dimensioni 5x5. Il valore inserito per l'inizializzazione è 0 ma potrebbe essere un qualsiasi altro valore.

Ecco alcune considerazioni riguardo i cicli innestati: il ciclo interno esegue un ciclo completo di iterazioni su ogni iterazione del ciclo esterno. Se il contatore del ciclo esterno è i e il contatore del ciclo interno è j, j eseguirà il ciclo da 0 fino a 4 mentre i è fermo a 0. Quindi i verrà incrementato di 1 unità, j eseguirà lo stesso ciclo su di nuovo tutti i suoi valori. Puoi pensare ai cicli innestati come un orologio infatti il ciclo esterno è la lancetta dei minuti di un orologio mentre il ciclo interno è la lancetta dei secondi. Puoi avere tutti più cicli innestati, tuttavia, per motivi di performance non è consigliato innestare più di due cicli.

PS: il metodo JSON.stringify() ti consente di avere una stringa pronta per essere scritta su file.

While

Se il ciclo for ti è sembrato troppo difficile da usare o troppo complesso da ricordare sicuramente il ciclo while ti piacerà. Un ciclo while ha lo stesso compito di un ciclo for, ma è organizzato in modo diverso. Solo il termine intermedio del ciclo for viene specificato tra parentesi ovvero per quanto tempo durerà il ciclo. Il contatore viene definito prima della prima riga del blocco while e viene aggiornato all'interno del codice eseguito durante l'esecuzione del ciclo.

L'ultimo esempio, quindi, diventa:

```javascript
var matrice = [];
var i = 0;


while (i < 5) {
 matrice[i] = [];
 j = 0;
 while (j < 5) {
    matrice[i][j] = 0;
    j++;
 }
 i++;
}


alert(JSON.stringify(matrice));
// ->
[[0,0,0,0,0],[0,0,0,0,0],[0,0,0,0,0],[0,0,0,0,0],[0,0,0,0,0]]
```

Si tratta sempre di due cicli innestati e il risultato sarà uguale, come vedi, cambia soltanto la sintassi. In sostanza, un ciclo while è organizzato esattamente come un ciclo for. Le parentesi racchiudono la condizione del ciclo mentre le parentesi graffe racchiudono il codice che viene eseguito durante il ciclo. Poiché qualsiasi ciclo for può essere tradotto in un ciclo while e viceversa, puoi usare quello che preferisci visto che sono equivalenti.

Do...While

Un altro costrutto utile è il do...while che consente di eseguire delle operazioni nel blocco do e, successivamente, ripeterle proprio come il costrutto while. La clausola while in questo costrutto, inclusa l'espressione di limitazione del ciclo all'interno delle parentesi, si sposta in basso, dopo la parentesi graffa del blocco do. Si noti che la clausola while termina con un punto e virgola. Dal punto di vista funzionale, la differenza tra un ciclo while e un ciclo do... while consiste nella possibilità di codificare un'istruzione while il cui blocco di istruzioni non viene mai eseguito. Considera questo ciclo while:

```
var i = 0;
while (i < 0) {
 alert(i);
 i++;
}
```

Il codice impone di continuare a mostrare un avviso fino a quando il contatore i è inferiore a 0. Poiché il contatore non è mai inferiore a 0, il codice all'interno delle parentesi graffe non viene mai eseguito. Confronta questo con il ciclo do... while:

```javascript
var i = 0;
do {
 alert(i);
 i++;
} while (i < 0);
```

In questo caso l'avviso verrà visualizzato una volta, anche se la condizione "i inferiore a 0", non si verifica mai. Poiché un ciclo do...while esegue il codice all'interno delle parentesi graffe prima di raggiungere la condizione del ciclo nella parte inferiore, eseguirà sempre quel blocco di istruzioni almeno una volta, indipendentemente dalla condizione del while.

Capitolo 4

Funzioni

Una funzione è un blocco di codice JavaScript che automatizza ripetutamente un comportamento ogni volta che invochi il suo nome. Questo ti consente di non ripetere il tuo codice rendendolo più facile da capire. Sul tuo sito Web, supponi che ci siano diverse pagine in cui desideri visualizzare un avviso che indica all'utente l'ora corrente, il codice potrebbe apparire come il seguente:

```javascript
var adesso = new Date();
var ore = adesso.getHours();
var minuti = adesso.getMinutes();
alert("Sono le " + ore + ":" + minuti);
```

Puoi scrivere questo blocco di codice più e più volte, ogni volta che ne hai bisogno oppure potresti scriverlo una sola volta come funzione, rinominandolo, ad esempio, mostraOrario. Dopodiché, questo è l'unico codice di cui hai bisogno per eseguire l'intero blocco:

```
mostraOrario();
```

Ogni volta che JavaScript troverà questa breve affermazione, verrà eseguito il blocco per mostrare l'orario. Ecco come impacchettare il codice per una funzione riusabile:

```
function mostraOrario () {
var adesso = new Date();
var ore = adesso.getHours();
var minuti = adesso.getMinutes();
alert("Sono le " + ore + ":" + minuti);
```

}

Il codice per mostrare l'orario, ovvero il codice che crea un oggetto con Date, estrae l'ora, lo formatta e visualizza un avviso, è esattamente lo stesso codice con cui abbiamo iniziato, ma ora è impacchettato come una funzione.

Alla riga 1 la dichiarazione di una funzione include:

- la parola chiave function
- un nome inventato per la funzione
- parentesi che la identificano come una funzione e che contengono eventuali parametri
- una parentesi graffa aperta e, alla fine, una chiusa per racchiudere il codice che verrà eseguito

All'interno delle parentesi viene eseguito lo stesso blocco di codice che hai usato all'inizio ma è indentato per favorire la leggibilità del codice. Le opinioni su quanto indentare sono discordanti, alcuni ritengono utili gli spazi altri il carattere TAB. Di solito si usa un solo TAB o 2 spazi.

Ancora una volta, nota che il codice chiamante ovvero il codice che invoca la funzione, non fa altro che indicare il nome della funzione, comprese le parentesi.

```
mostraOrario();
```

È possibile assegnare ad una funzione un qualsiasi nome purché sia un nome di variabile consentito in JavaScript, quindi aggiungi le parentesi con gli eventuali parametri da passare alla funzione. La denominazione delle funzioni segue le stesse regole della denominazione delle variabili perché, tecnicamente, una funzione è una variabile. Le funzioni e le istruzioni che le invocano possono essere separate da migliaia di righe di codice ma, in genere, le funzioni si trovano nello stesso file del codice principale, in un file JavaScript esterno, alla fine della sezione del body HTML o nella sezione head di HTML. Di solito, tutte le funzioni dovrebbero precedere il codice in cui sono invocate in modo che quando vengono chiamate dal codice principale, sono già caricate in memoria e pronte per l'uso.

Uso dei parametri

Una delle cose veramente utili sulle funzioni è che le parentesi nel codice chiamante non devono necessariamente essere vuote. Se si inseriscono alcuni dati tra parentesi, è possibile passare tali dati alla funzione, questi dati verranno utilizzati durante l'esecuzione. Supponiamo, di creare una funzione salutaUtente che saluta l'utente dopo aver effettuato il login alla nostra applicazione.

Ci basterà scrivere salutaUtente(nomeUtente); per passare il valore della variabile nomeUtente alla funzione. In questo caso, invece di invocare semplicemente la funzione, la stai invocando e le passi i dati. La stringa tra parentesi, cioè i dati che stai passando, è chiamata **argomento**. La funzione ora è più versatile, perché il messaggio che visualizza non è più uguale per tutti ma dipende da una variabile.

Puoi anche creare una funzione più astratta che visualizza un messaggio passato in input. Questa funzione visualizzerebbe qualsiasi messaggio che gli passi dal codice chiamante, tramite l'argomento. Per fare ciò, è necessario configurare la funzione per ricevere i dati che si stanno trasmettendo. Ecco come è possibile farlo:

```javascript
function salutaUtente(nome) {
    alert('Ciao, ' + nome);
}
```

Adesso che abbiamo riempito le parentesi in fase di definizione della funzione, è possibile invocarla in due modi:

```javascript
salutaUtente('Antonio');
```

oppure

```javascript
var nomeUtente = 'Antonio';
salutaUtente(nomeUtente);
```

Le parentesi del codice chiamante contengono un argomento. Negli esempi puoi vedere che nel primo caso l'argomento è una stringa mentre nel secondo caso si tratta di una variabile. Una variabile tra le parentesi in una dichiarazione di funzione è nota come **parametro**. Il nome del parametro dipende da te infatti puoi assegnargli qualsiasi nome purché valido per una variabile. Non è necessario dichiarare una variabile quando viene utilizzata come parametro nella definizione di una funzione ma è molto consigliato.

Il parametro tra parentesi nella definizione della funzione "cattura" i dati passati alla funzione stessa. In altre parole, la stringa "Antonio", specificata nella chiamata alla funzione, viene assegnata a nomeUtente nella funzione perciò quella variabile viene utilizzata per personalizzare il messaggio da visualizzare.

In fase di definizione di una funzione devi assicurarti che il nome del parametro sia esattamente uguale al nome utilizzato nella funzione alert() altrimenti il risultato sarà Ciao, undefined.

Quando invochi la funzione, invece, puoi usare un qualsiasi nome per la variabile che passi come argomento. In tal caso, anche se il nome è diverso da quello definito nella funzione, quest'ultima catturerà il valore della variabile.

È possibile passare un numero qualsiasi di argomenti ad una funzione, purché separati da virgole. JavaScript abbina argomenti e parametri in base al loro ordine con cui sono stati specificati e non in base ai loro nomi. Il primo argomento nell'elenco viene passato al primo parametro nell'elenco, il secondo argomento viene passato al secondo parametro e così via. Come argomenti, puoi utilizzare qualsiasi combinazione di variabili, stringhe e numeri. Nell'esempio seguente, il codice chiamante passa una variabile, una stringa e un numero alla funzione. Viene catturato il valore di questi tre parametri e la funzione li concatena per creare un messaggio di avviso:

```javascript
function mostraAccesso(nome, stringa,
numero);
 alert('Ciao, ' + nome + stringa + num);
}
```

Quindi invochiamo la funzione come segue:

```javascript
var nomeUtente = 'Antonio';
mostraAccesso(nomeUtente, '. Questo è il
tuo accesso n. ', 1);
```

L'argomento nomeUtente, che è una variabile, viene passato al parametro nome. La stringa che indica il numero dell'accesso viene passata al parametro stringa. L'argomento 1, che è un numero, viene passato al parametro numero. Quando il codice viene eseguito, verrà visualizzato un avviso che recita "Ciao, Antonio. Questo è il tuo accesso n. 1".

Di solito, tutti i parametri inclusi nella definizione della funzione sono usati nell'invocazione, altrimenti perché definirli? In realtà devi sapere che puoi definirli ma non sei obbligato ad usarli tutti.

Restituire un valore

Come appreso nell'ultimo capitolo, una funzione diventa più interessante quando si passano i dati ad essa in modo da poter creare un compito personalizzato. Ma una funzione può fare ancora di più infatti può restituire i dati elaborati al codice che ha invocato la funzione. Supponiamo che addebiti una tariffa di spedizione minima di 5€, più il 3 percento del totale della merce superiore a 50€, fino a 100€. Offri la spedizione gratuita quando il totale è uguale o superiore a 100€. Ecco il codice che calcola il totale dell'ordine:

```
var ordineTot;
if (merceTot >= 100) {
 ordineTot = merceTot;
}
else if (merceTot < 50.01) {
```

```
  ordineTot = merceTot + 5;
}
else {
 ordineTot = merceTot + 5 + (.03 * (merceTot
- 50));
}
```

Se il totale della merce è di almeno 100€ (riga 2), il totale dell'ordine è uguale al totale della merce (riga 3). Se il totale della merce è pari o inferiore a 50€ (riga 5), il totale dell'ordine è pari al totale della merce più 5€ (riga 6). Se il totale dell'ordine è compreso tra 50€ e 100€ (riga 8), il totale dell'ordine è il totale della merce più 5€ più il 3 percento dell'importo oltre 50€ (riga 9). Se compri qualcosa che costa 150€, in totale pagherai 150€, se costa 15€ il totale è 20€. Se compri qualcosa che costa 70€ pagherai 75,60€ in totale. Ecco come trasformiamo il codice precedente in una funzione:

```javascript
function calcoloTot(merceTot) {
  var ordineTot;
  if (merceTot >= 100) {
   ordineTot = merceTot;
  }
  else if (merceTot < 50.01) {
   ordineTot = merceTot + 5;
  }
  else {
   ordineTot = merceTot + 5 + (.03 *
(merceTot - 50));
  }
  return ordineTot;
}
```

L'aspetto su cui concentrarsi qui è che dichiariamo una variabile, ordineTot (riga 2) e, dopo l'elaborazione, la funzione restituisce il valore conservato al codice chiamante (linea 12) quindi restituisce i dati. Successivamente il codice chiamante ha bisogno di un modo per catturare i dati. Cos'altro potrebbe essere se non una variabile? Ecco il codice che chiama la funzione ed assegna il valore ad una variabile:

```
var totaleAddebito = calcoloTot(80);
```

Stiamo assegnando una funzione ad una variabile? Si, non è poi così strano perché quello che stai effettivamente assegnando alla variabile è il valore restituito dall'istruzione return, che viene passato dalla funzione.

Ora c'è una comunicazione bidirezionale tra il codice chiamante e la funzione. Il codice chiamante passa il valore 80 alla funzione, che viene catturato dal parametro merceTot della funzione. Questa variabile, merceTot, viene utilizzata nel corpo della funzione per calcolare il totale dell'ordine. Tramite l'istruzione return, il totale dell'ordine viene restituito a totaleAddebito nel codice chiamante.

Nota bene che la variabile nel codice chiamante, totaleAddebito, che rileva il valore è diversa dalla variabile all'interno della funzione, merceTot, che restituisce il valore. È stato fatto di proposito, quindi non pensare che le due variabili debbano condividere lo stesso nome.

Lo stesso vale per la variabile restituita da una funzione e la variabile nel codice chiamante che la cattura. Possono condividere lo stesso nome, ma non è necessario. Laddove è possibile utilizzare una variabile, è possibile utilizzare una funzione, infatti tecnicamente, una funzione è una variabile. Ad esempio, è possibile specificare il messaggio da mostrare nella funzione alert come segue:

```
alert(calcoloTot(80));
```

Abbiamo imparato che puoi passare qualsiasi numero di argomenti ad una funzione. Sfortunatamente, non hai questa flessibilità con la parola chiave return. Indipendentemente dal numero di parametri che richiede o dalla quantità di elaborazione, una funzione può restituire uno ed un solo valore al codice chiamante. Per ovviare a questo problema è possibile, tuttavia, restituire un oggetto con più elementi o un array.

Tipi di variabili

Un tema da affrontare e molto delicato riguarda il tipo di variabili nei programmi JavaScript, o meglio, la differenza tra variabili **globali** e **locali**. Alcune variabili sono definite a livello globale, il che le rende variabili globali, altre variabili sono definite in una funzione, il che le rende variabili locali per la funzione. In realtà, una variabile globale è dichiarata nel corpo principale del codice quindi non all'interno di una funzione.

Una variabile locale è dichiarata all'interno di una funzione. Può essere un parametro della funzione, che viene dichiarato implicitamente da un nome come parametro o una variabile dichiarata esplicitamente nella funzione con la parola chiave var. Ciò che rende globale una variabile globale è la sua significatività in ogni sezione del codice, sia nel corpo principale sia in una qualsiasi delle funzioni. Una variabile locale è significativa solo all'interno della funzione dove è dichiarata. Quindi ci sono due differenze tra variabili globali e locali: dove sono dichiarate e dove sono possono essere utilizzate.

Prima di mostrarti l'esempio, metti da parte ciò che sai sul passaggio di valori ad una funzione tramite argomenti e sul passaggio di un valore al codice chiamante tramite l'istruzione return. Innanzitutto, nel codice principale, dichiaro una variabile seguita da una chiamata ad una funzione:

```
var somma;
aggiungiNumeri();
function aggiungiNumeri() {
 somma = 3 + 3;
}
```

Nell'esempio, la variabile somma è dichiarata nel codice principale e la funzione aggiungiNumeri viene chiamata per assegnargli un valore. Essendo stata dichiarata nel codice principale, la variabile ha visibilità globale quindi questa funzione o qualsiasi altra funzione può usarla. La funzione assegna la somma di 3 + 3 a questa variabile globale. Poiché la variabile ha visibilità globale, l'assegnazione è significativa in tutte le sezioni del codice, sia nel codice principale che in tutte le funzioni. La variabile ora ha il valore 6 sia nella funzione aggiungiNumeri, sia nel codice principale e in ogni altra funzione che la utilizza.

Attenzione perché se dichiaro la variabile all'interno della funzione in questo modo:

```
function aggiungiNumeri() {
 var somma = 3 + 3;
}
```

La variabile ha il valore 6 solo all'interno della funzione infatti in tutte le altre funzioni è sconosciuta e non ha alcun valore. Poiché la variabile somma è dichiarata con la parola chiave var all'interno della funzione e non nel codice principale, la sua visibilità (anche detta **scope**) è locale. È significativo solo all'interno della funzione mentre in altre funzioni e nel codice principale ha valore undefined.

Diciamo che una variabile ha visibilità locale quando la dichiari in una funzione. "Dichiarandola in una funzione" intendiamo dire che dichiari esplicitamente la variabile con la parola chiave var, invece di introdurla casualmente nella funzione senza tale parola chiave. Se si inizia ad utilizzare una nuova variabile nel corpo di una funzione senza dichiararla esplicitamente nella funzione con la parola chiave var, tale variabile è globale, anche se non l'hai dichiarata in nessun punto del codice principale. Adesso dichiarerò una variabile sia nel codice principale che nella funzione:

```
var somma = 100;
aggiungiNumeri();
function aggiungiNumeri () {
 var somma = 3 + 3;
}
```

Dichiarando la variabile due volte, una volta nel codice principale e una volta nella funzione, ho creato due variabili diverse che condividono lo stesso nome. Una variabile somma è globale, l'altra è locale. Questo non è qualcosa che dovresti mai fare - potresti incorrere in errori di codifica e rendere il tuo codice quasi impossibile da eseguire - ma l'ho fatto per mostrare la differenza tra visibilità globale e locale.

Dichiarando somma una volta nel codice principale e di nuovo nella funzione, ho creato una variabile globale utilizzabile ovunque e una variabile locale con lo stesso nome utilizzabile solo all'interno della funzione. La variabile globale può essere usata ovunque tranne all'interno della funzione. All'interno della funzione, il nome somma indica una variabile locale, quindi il nome non può fare riferimento alla variabile globale. In questa situazione si dice che la variabile globale è "oscurata" dalla variabile locale infatti all'interno della funzione, non può essere vista. La variabile locale somma ha un valore di 6 all'interno della funzione, ma somma al di fuori della funzione ha un valore pari a 100.

Tutto questo ci porta ad una riflessione: se una funzione può usare una variabile globale, perché devi passare un valore da un argomento a un parametro? Perché non dichiarare semplicemente una variabile globale, quindi utilizzarla per la funzione? In realtà è possibile farlo ma ti espone a dei rischi riguardo la sicurezza. È sempre meglio passare dei valori in modo esplicito alle funzioni tramite argomenti piuttosto che usare variabili globali.

La stessa logica si applica all'istruzione return. È possibile modificare il valore di una variabile globale all'interno di una funzione senza la necessità di usare return. In questo caso, il valore cambia ovunque, anche nel codice principale. Sia chiaro che non è necessaria l'istruzione return ma è caldamente consigliato usare una variabile locale all'interno della funzione per poi restituire esplicitamente quel valore attraverso un'istruzione return.

Capitolo 5
Gli eventi

Un buon sito Web è un sito reattivo dove l'utente esegue un'azione: un clic su un pulsante, sposta il mouse, preme un tasto e, in modo conseguente si innesca un'azione. JavaScript ti offre molti modi per rispondere alle esigenze dell'utente, ad esempio, immaginiamo che l'utente digiti un numero nel campo "kg" in un form. Quando l'utente modifica l'unità di misura in "grammi", viene visualizzato l'equivalente in grammi.

Un altro esempio si verifica quando l'utente ha inserito il suo indirizzo e-mail in un form e sta per scrivere un commento. Non appena sposta il cursore dal campo e-mail al campo del commento, JavaScript verifica se l'indirizzo e-mail è valido. Nel caso in cui non sia valido viene visualizzato un messaggio che lo informa di inserire un indirizzo e-mail valido.

Il codice JavaScript che risponde ad un evento è chiamato **gestore di eventi**. Vediamo un primo evento da gestire:

```html
<a href="#"
onClick="salutaUtente('Utente');">Click</a
>
```

Se conosci HTML, sai che di solito nel campo href viene specificata una pagina o un sito Web a cui collegarsi ma, quando l'utente fa clic sul link in esempio, questo si comporta diversamente. Invece di portare l'utente su un'altra pagina o su un altro sito, viene visualizzato un alert che dice "Ciao, Utente".

Quando l'utente fa clic sul link, non viene reindirizzato da nessuna parte e, invece, viene eseguita un'istruzione JavaScript, in questo caso chiamando una funzione. Quando l'utente fa clic sul collegamento, in questo caso non si desidera caricare una nuova pagina Web, quindi, anziché un URL, si inserisce un # tra virgolette per l'attributo href. Questo dice al browser di ricaricare la pagina corrente mentre onClick dice al browser: "Quando si fa clic sul pulsante, esegui il seguente codice JavaScript."

onClick, così come gli altri gestori di eventi, non fa distinzione tra maiuscole e minuscole. Potresti scrivere onclick, ONCLICK o OnClIcK e funzionerebbe comunque ma secondo la convenzione si usa onClick, quindi ti consigliamo di usare questa notazione.

Il messaggio all'interno delle parentesi è racchiuso tra virgolette singole e non tra virgolette doppie per consentire all'interprete JavaScript di distinguere la funzione dal parametro. Nel codice JavaScript, non è consentito nidificare virgolette doppie tra virgolette doppie o virgolette singole all'interno di virgolette singole quindi poiché l'intera istruzione JavaScript è racchiusa tra virgolette doppie, è necessario racchiudere il messaggio di avviso tra virgolette singole.

Questo crea un problema con il markup infatti <a href = "#" indica al browser di ricaricare la pagina. Ciò significa che se l'utente si è spostato verso il fondo della pagina fino al link, il click, oltre ad eseguire il codice JavaScript, riporterà l'utente in alto nella pagina, un'azione che normalmente non è desiderata. Per correggere questo errore puoi usare:

```
<a href="javascript:void(0)"
onClick="salutaUtente('Utente');">Click</a
>
```

Ora hai esattamente quello che vuoi e non succede nulla a parte l'esecuzione del codice JavaScript. Nell'esempio sopra, il click esegue solo una singola istruzione JavaScript ma non vi è alcun limite al numero di istruzioni JavaScript che è possibile racchiudere tra le virgolette.

Tuttavia, come vedrai, ci sono modi migliori per attivare JavaScript piuttosto che impacchettare più istruzioni in un evento onClick. Vediamo come usare più istruzioni in un evento onClick:

```html
<a href="javaScript:void(0)" onClick="var nome='Utente';
salutaUtente(nome);">Click</a>
```

Pulsanti

Supponiamo che quando l'utente fa click su un pulsante, venga visualizzato un alert che dice "Ciao, utente." Ecco il codice:

```html
<input type="button" value="Click"
onClick="salutaUtente('Utente');">
```

Il gestore dell'evento è lo stesso, sia per un link che per un pulsante. Nel seguente esempio, abbiamo un singolo <button> che, se premuto, trasforma lo sfondo in un colore casuale, il codice HTML è:

```html
<button
onClick="cambiaSfondo()">Cambia
colore</button>
```

Il codice JavaScript è il seguente:

```javascript
function casuale(number) {
  return Math.floor(Math.random() *
(number+1));
}


function cambiaSfondo() {
  const colore = 'rgb(' + casuale(255) + ',' +
casuale(255) + ',' + casuale(255) + ')';
  document.body.style.backgroundColor =
colore;
}
```

In questo caso abbiamo introdotto un po' di novità: la funzione Math.floor() che consente di recuperare un numero intero, arrotondato per difetto, del valore passato come parametro; l'uso del document.body per cambiare il colore dello sfondo.

Abbiamo definito una funzione che restituisce un numero casuale mentre la parte finale del codice JavaScript è il gestore dell'evento. Siamo in ascolto per il click sul pulsante grazie alla proprietà onClick. Questo evento invoca una funzione contenente il codice per generare un colore RGB casuale e imposta la proprietà background-color del pulsante pari a questo colore.

Questo codice viene eseguito ogni volta che l'evento click viene attivato dall'elemento <button> ovvero ogni volta che un utente fa clic su di esso.

Mouse

Hai imparato come far reagire agli eventi quando l'utente fa click su un link, un pulsante o altro, utilizzando la gestione degli eventi. Supponiamo che la tua pagina inizialmente mostri un'immagine "prima" di un modello. Quando l'utente passa il mouse sopra l'immagine, questa viene sostituita da un'immagine "dopo". Potresti preferire farlo con CSS, ma poiché si tratta di un libro su JavaScript, ti mostrerò come farlo con un gestore di eventi. Questo è il markup che sostituisce l'immagine precedente con l'immagine successiva:

```
<img src="pic1.jpg"
onMouseover="src='pic2.jpg'">
```

La parola chiave è in camelCase che indica una notazione opzionale ma ampiamente usata: onMouseover. Il segno uguale segue la parola chiave onMouseover, proprio come accade con onClick. Potresti essere sorpreso dal fatto che la risposta all'evento non sia scritta in JavaScript infatti si tratta di markup HTML.

Nota bene: la sorgente dell'immagine deve essere racchiusa tra virgolette singole, a causa delle virgolette doppie che racchiudono l'intera frase e puoi utilizzare il gestore di eventi onMouseover anche con altri elementi HTML in modo simile.

Gli eventi associati al mouse sono davvero tanti perciò, per praticità, li riportiamo in una tabella:

onclick	L'utente clicca su un elemento
oncontextmenu	L'utente fa clic con il pulsante destro del mouse su un elemento per aprire un menu di scelta rapida
ondblclick	L'utente fa doppio clic su un elemento

onmousedown	L'utente preme un pulsante del mouse su un elemento
onmouseenter	L'utente sposta il puntatore su un elemento
onmouseleave	L'utente sposta il puntatore fuori da un elemento
onmouseout	L'utente sposta il puntatore del mouse fuori da un elemento o da uno dei suoi figli
onmouseover	L'utente sposta il puntatore su un elemento o su uno dei suoi figli
onmouseup	L'utente rilascia un pulsante del mouse su un elemento

onmousemove	L'utente sposta il puntatore mentre si trova su un elemento

Capitolo 6
DOM

In JavaScript è possibile recuperare gli elementi presenti nel codice HTML tramite i metodi getElementById e getElementsByTagName. Questi sono spesso i metodi migliori per recuperare degli elementi ma hanno dei limiti. Il primo, getElementById, ti dà accesso solo ai componenti a cui è stato assegnato un ID e non è detto che tutti gli elementi ne abbiano uno. Il secondo, invece, getElementsByTagName, è buono per le modifiche su larga scala ma non è adatto per lavori su elementi specifici. Entrambi gli approcci possono modificare la tua pagina Web ma nessuno dei due è in grado di creare nuovi elementi, spostare quelli esistenti o eliminarli. Fortunatamente, entrambi questi approcci sono solo due dei molti metodi per lavorare con il **Document Object Model**, il DOM.

Il DOM è un organigramma, creato automaticamente dal browser al caricamento della pagina Web, per l'intera pagina Web. Tutti gli elementi sulla tua pagina Web - i tag, i blocchi di testo, le immagini, i collegamenti, le tabelle, gli attributi di stile e altro - corrispondono ad un nodo su questo organigramma. Ciò significa che il tuo codice JavaScript può sfruttare qualsiasi cosa sulla tua pagina Web, semplicemente individuandola in questo grafico. Inoltre, il tuo JavaScript può aggiungere elementi, spostarli o eliminarli semplicemente manipolando il grafico. Potresti anche creare un'intera pagina Web da zero utilizzando i metodi DOM di JavaScript.

```
<html>
<head>
 <title>
  Titolo
 </title>
</head>
<body>
 <p>Un paragrafo</p>
</body>
</html>
```

Il document è il primo livello e subito sotto troviamo il secondo livello ovvero html. E sotto l'html ci sono due elementi di terzo livello, head e body. Sotto ognuno di questi ci sono altri livelli.

Nell'organigramma DOM, ogni casella rappresenta un nodo. La pagina HTML rappresentata sopra, nella sua forma DOM ripulita, ha 8 nodi: il nodo del document, il nodo html, i nodi head e body, il nodo del titolo, il testo del titolo, un nodo per il paragrafo e uno per il testo del paragrafo. Il nodo del documento è sempre il livello principale.

Puoi fare riferimento a qualsiasi nodo del DOM dicendo che il nodo è il figlio X di un genitore particolare. In alternativa puoi fare riferimento ad un nodo dicendo che è il genitore di un qualsiasi figlio. Considera il seguente HTML:

```
<html>
<head>
 <title>
  Titolo
 </title>
</head>
<body>
 <p>Un paragrafo</p>
</body>
</html>
```

Ad eccezione del nodo del document, ogni nodo è racchiuso in un altro nodo. I nodi <head> e <body> sono racchiusi nel nodo <html>. Il nodo <p> è racchiuso nel nodo <body> e un nodo di testo è racchiuso nel nodo <p>. Quando un nodo è racchiuso in un altro nodo, diciamo che il nodo racchiuso è un figlio del nodo che lo racchiude. Quindi, ad esempio, il nodo <p> è un figlio del nodo <body>. Al contrario, il nodo <body> è il genitore del nodo <p>.

Cercare gli elementi

Ricapitoliamo come è possibile far riferimento agli elementi:

```
var email =
document.getElementById("email");
```

La precedente dichiarazione ha come target l'elemento con id pari a e-mail. Un altro modo per cercare tutti gli elementi di un tipo particolare all'interno del documento è dato dal metodo getElementsByTagName:

```
var paragrafi =
document.getElementsByTagName("p");
```

Dopo aver creato una raccolta di paragrafi, puoi scegliere come target qualsiasi paragrafo all'interno della raccolta in modo da poterne leggere il contenuto, per esempio.

```
var contentuto = p[0].innerHTML;
```

In questo caso abbiamo scelto il primo paragrafo della pagina e abbiamo memorizzato il suo contenuto nella variabile contenuto. Un'alternativa all'elenco di tutti gli elementi di un certo tipo nel documento consiste nel restringere il focus al di sotto del livello del document, ad esempio un div, e quindi creare un riferimento alla collezione di elementi contenuti all'interno di quel div.

```
var divRif =
document.getElementById("div2");
var pRif =
divRif.getElementsByTagName("p");
var contenuto = pRif [0].innerHTML;
```


Nell'esempio sopra, si genera una raccolta non di tutti gli elementi di tipo paragrafo nel documento, ma solo quegli elementi di paragrafo all'interno del div che ha un id pari a div2. Quindi scegli come target uno di quei paragrafi.

Un altro modo per trovare gli elementi all'interno del documento consiste nel cercarli sapendo l'esatta composizione del documento. Per far riferimento al tag <html> possiamo usare il seguente codice JavaScript:

```
document.childNodes[0].childNodes[1].childNodes[1].childNodes[1];
```

Ogni genitore è seguito da un punto, seguito dalla parola chiave childNodes. Ogni figlio è seguito da un numero tra parentesi proprio come nelle matrici. Poiché il valore restituito è un array, si farà riferimento al primo figlio con il numero 0.

Attenzione, questo approccio non è consigliato se hai in mente di modificare le pagine con frequenza. In questo caso, infatti, ogni modifica alla pagina rischia di compromettere la validità del tuo codice pertanto valuta bene quale approccio usare. Se sei insicuro ti consiglio di usare i metodi getElementById e getElementsByTagName per individuare gli elementi desiderati.

Conclusioni

Come abbiamo visto, JavaScript ha assunto un ruolo fondamentale nella programmazione Web, evolvendosi in continuazione. In questo ebook abbiamo esaminato le basi della programmazione in JavaScript, partendo dai valori e dalle variabili fino ad arrivare ai cicli, al DOM e a come è strutturata una pagina Web.

JavaScript non è un linguaggio molto elegante, tuttavia, è un linguaggio molto flessibile, ha un nucleo abbastanza elegante e consente di utilizzare una combinazione tra la programmazione orientata agli oggetti e la programmazione funzionale. Resta il neo dovuto alle differenze tra browser e per il DOM ed è questo il motivo per cui, di solito, è meglio fare affidamento su un framework piuttosto che usare solo JavaScript.

Nonostante i suoi difetti, si tratta di un linguaggio ampiamente utilizzato e con due grandi vantaggi. Innanzitutto, è documentato e supportato in modo eccellente, in secondo luogo, è molto usato quindi se stai cercando lavoro è un'ottima scelta.

JavaScript offre grandi potenzialità e, nonostante sia abbastanza longevo, ha davanti un grande futuro perché si evolve costantemente e c'è molta innovazione intorno a questo linguaggio. Infine, JavaScript è supportato da un'ampia coalizione di aziende quindi non viene controllata da una sola persona o azienda, favorendo la sua natura open source.